走出悲傷的33堂課

日本人氣和尚教你尋找真幸福

小池龍之介 著

在瞭解快感不等於幸福之後，
從偽善中學習培養慈悲心，
才能在創傷之後走出困境、讓心靈重生。

前言

從二〇一一年三月十一日，到現在我正在寫這篇序的五月中旬，已經過了兩個月。等到這本書問世，大概也已過了四個月吧！這次東日本發生的大地震和大大小小的後續事件，對日本來說，不只在物質和經濟上造成影響，在精神層面上更是造成重大打擊。

不管是本身受災、家人朋友和認識的人受災，或是沒有受到直接影響的人，我都希望能夠藉由我的文章，多少可以讓他們重新檢視自己的內心。

我在本書中想要強調的是以下三件事：

首先，雖然震災已經發生了一段時間，但是內心仍烙印著地震所產生的悲傷、衝擊、混亂、不安和憤怒，甚至讓自己揹負了更大的精神苦痛的人，我希望能提供他們穩住內心、走出困境的方法。

第二，希望能藉由這次機會，將我們對他人自然萌生的善意發揚光大，培育出「慈悲心」。

大多數的人在平安無事的「日常生活」中，多半會覺得「別人的事跟我無關」。但是看到這次地震的新聞，相信大家都會想幫這些受災的人做些什麼，想到因為地震而過世的人，更是自然地湧起憐憫之情而不能自己。

另外，過去也許會覺得「反正不會有人真心關心自己」，但是在看到世界各國送來的支援和加油打氣之後，相信很多人都能感受到自己正在接受幫助，因此萌生下次我也要幫助別人的想法。

這種感謝的心情，也可以培育成「慈悲心」。

再來，本書所要強調的第三點，就是藉由這次震災，重新探討「真正的幸福究竟是什麼？」

也就是說，我們應該要知道，基本上到目前為止，我們所認為的「幸福」，其實都不是真實的，只是腦中運作而產生的幻覺。我們應該把握這次機會，將現有的價值觀轉換成真正的幸福，也就是「安定內心」。

接下來，就讓我們按照順序一一說明吧！

目錄

第一章 創傷vs.二度傷害

第二章 行善vs.偽善

第三章 幸福vs.快感

第一章

創傷VS.二度傷害

首先，為什麼我所強調的第一件事，會是提供穩住內心、走出困境的方法，給那些在本次震災中受到悲傷、衝擊、痛苦的折磨，甚至讓自己揹負了更大的精神苦痛的人呢？這是因為聽到周遭的聲音，覺得自己應該要做些什麼，即使只能多讓一個人平復自己的心情也好，所以才在地震發生後第八天，也就是二〇一一年三月十九日，在網站上發表了以下的文章。

「受災」＝「悲慘」嗎？

心中對於災難所產生的否定情感，
在擴大強化之後變成的怪物，
才是迫害我們、讓我們痛苦的源頭。

「受災」＝「悲慘」，我想現在日本全國各地都相信這樣的公式。

但是，「受災事實本身」和「在腦中將受災這件事加工扭曲成悲慘的資訊」，在仔細思考之後，應該可以發現其中有著明顯的差異。

如果能將已經發生的災難當作純粹的事實來看，不要在心中加工，多上一層「悲慘」的外衣，那麼不管發生什麼狀況，心中都可以保持平靜。

引用釋迦摩尼佛的說法，就算內心已經中了第一支箭（第一次傷害），至少也要避開第二支箭的傷害（二度傷害）。

所謂受到精神損害，真正的原因，其實並非一開始發生的災難本身，而是內心扭曲了事實，認為「這是威脅自身安全，非常糟糕的事」。

心中對於災難所產生的否定情感，在擴大強化之後變成的怪物，才是迫害我們、讓我們痛苦的源頭。

即使一開始的受災程度相同，但是只要這種否定的情感擴展得越大，我們所遭受的二度傷害就越嚴重，有時甚至會發展成致命狀況。

為了怕大家誤解，我就直說了。很抱歉，我認為現在的日本社會（至少在二〇一一年三月十八日我寫這篇文章的時間點），充滿了（也許是無意識）鼓勵這種二度受災心態的氛圍。

應該要更難過、應該要以更憂傷的心情進行「自我約束」。直接表露喜悅或開心，在這個時候都是「不謹慎」的行為，應該好好地「自我約束」。現在日本國內就是不約而同地抱持著這樣的想法。

而我也因此發現，這樣的背景是在「我們一定得悲傷難過，不然就是無情之人」的前提下發展而成。

這樣的情感的確是建築在善意的基礎上。但是為了確保所有人都擁有同樣的價值觀，大家變得在互相監視，大大增強了這股陰鬱的氣氛。

如此一來，在情感上擴大了對災難的反應，反而讓大家心情紛亂，與他人滋生摩擦，只會助長人們覺得悲傷痛苦的情緒。

對於現有的狀況繼續口出怨言，只會增長內心的痛苦，讓身體也因緊張而感到疲累，整個人完全提不起精神。

現在最重要的，是不管發生什麼事，在想憂愁嘆氣時，就必須自我警惕，覺察到「這其實只是我自己在腦中扭曲了現實所造成的二度傷害」，然後盡量努力，不要過度詮釋現實中所發生的事。

這樣一來，不管是我們的心理或身體，都能夠立刻恢復活力。

人類是脆弱的生物。即使是對遭難的他人萌生的善意，一旦被扭曲擴展成二度傷害，也得不到什麼好結果。

在缺乏冷靜的焦急狀態下，甚至可能變成偽善者，強迫他人接受自己變調的善意。

一旦變得情緒化，對於無法體會自己善意的人湧起怒氣，就是內心遭受了二度傷害的又一證明。

同時，如果看到有人開心就想罵他，叫他「要自我約束」，那麼也該警覺，自己是不是假借震災往生者的名目，擴大了內心的紛亂頹唐。

因此，不管是出於怎樣的善意，還是要先冷靜，仔細檢討自己是不是因為受到二度傷害而造成內心的混亂。

即使是因為現在這樣的非常時期才萌生出一時的善意，只要能萌發「慈悲心」的芽就是好事。不過，若是想將這一時的善意發展成真正的「慈悲心」，在平常就該培養對於周圍的人和動物體貼的心（我會在第二章中詳細說明方法）。

既然已經發生了，就不要讓內心受到二度傷害

如果只是憑藉著自以為的好心與衝動，
去安慰實際受災而感到痛苦的人，
就算是一片好意，
說不定也無法達到效果。
唯有沉靜自己的內心，
抱持著溫暖而慈悲的心情，
才能夠真正傾聽對方的痛苦。

讓我們回到如何防止內心扭曲現實、造成二次傷害這個主題。

曹洞宗的良寬禪師曾說：「災難來時隨遇而安，死亡臨頭欣然而受。」仔細咀嚼這句話的真義，就能在任何情況下堅定內心，不受動搖。

遭逢災難時，不是隨著生存本能悲歎哀傷，而是以「船到橋頭自然直」的心態來接受。這麼一來，內心就能很快安定，而身體也能很快復原。

但這絕對不是「哪裡有災難就往哪裡去」，也不是不去理會受災的人們。而是將重點放在仔細判斷目前的情勢，如果發現有哪裡不安全，便盡可能冷靜地進行避難和脫困。將陷入危險的可能性降到最低。

不過更重要的是，一旦遭逢災難，一定要讓內心堅強起來，避免造成二度傷害。

在能夠免除二度傷害的情況下，如果心有餘力，再來進行發展慈悲心的練習。

當然，一定還會有很多像是小孩子，或是不知所措，悲歎度日的人需要幫助，但只要周圍的大人或心有餘力的人能夠以慈悲心對待，相信他們心中的苦痛多少能夠緩和下來。

我在此強調的看清原本事實、平靜內心反應，絕對不是叫大家做個無情的人。

我想說的是，慈悲心的背後，必須要有冷靜（＝「捨」）做為基礎。

如果只是憑藉著自以為的好心與衝動，去安慰實際受災而感到痛苦的人，就算是一片好意，說不定也無法達到效果。唯有沉靜自己的內心，抱持著溫暖而慈悲的心情，才能夠真正傾聽對方的痛苦。

「自我約束」還是有值得褒獎之處

「自我約束」中值得我們保留的精神，
就是以這次的災難為契機，
重新檢討我們文明的發展方向，
然後找尋與現今有別的方向和再生的力量。

這篇文章最後要說明的，是希望從現在國內陰鬱的氛圍中，找到對未來的希望。

之前講到在無意識中發展出來的「自我約束」風潮，雖然造成不少負面影響，但在當中還是能發現一些頗有道理之處。

如果說因為發生這樣的重大事故，使我們對一直以來欣賞、喜愛的娛樂或藝術活動失去興趣，那就表示這些事情「現在不能做」的原因在於「沒有必要」。再深究下去，會發現不只是「現在」，或許其實這些本來就不是必要的。

也就是說，人類直覺地發現，娛樂、藝術和所謂過剩的經濟繁榮產生的剩餘物，其實在「追求精神性的幸福上是不必要、沒有也無所謂」的東西這個道理。

從這個角度來看，「自我約束」中值得我們保留的精神，就是以這次的災難為契機，重新檢討我們文明的發展方向，然後找尋與現今有別的方向和再生的力量。

如果不好好發揚這樣的精神，經過了一、兩個月沒有自覺的「自我約束」後，互相監視的情況就會緩和下來，然後瘋狂的娛樂與經濟鬥爭又會再度復活（這是我在第三章裡面準備詳細說明的部分）。

如果不再消沉地浪費時間，能從這次痛苦中學習到未來發展的方向，我想就是這次一連串的災難所給予我們最好的教訓了。

分辨「現實」與「非現實」的習慣

只要大腦認知到「那不過是腦中幻想的非現實」，就能脫離這種「現實感（reality）」的錯覺，將心情平復下來。

這樣一來，不管是面對多大的困難，都能夠避開所謂的「二度傷害」。

前面就是三月十九日發表在我所經營的「家出空間」網站的文章。經過了三個月以上的時間，現在我想要做更進一步的說明。

這篇文章中所討論的「二度傷害」，其實就是分辨所謂「現實＝已經發生的事情」，與「非現實＝我們腦中的反應」。

舉例來說，不小心刪除打好一半的電子郵件，這算是單純的（中性的）「現實」。但是，我們的內心會因為這個「現實」而產生許多不愉快的感覺。也就是說，我們腦中會開始對這個「現實」產生各式各樣不同的想法。

「唉呀，重寫一遍實在很麻煩。」「不知道能不能寫得跟剛才一樣好。」「這麼毛毛躁躁的，那待會兒再寫好了。」類似這樣不愉快的想法一個個在我們腦中冒了出來。

然而，如果這時我們能夠覺察到：「現在我腦中冒出的這些語言，其實都是依據誤刪信件這個『現實』而衍生出來的『非現實』，只是存在我腦中的幻想。」「哎喲，這不是現實啦。」內心便能平靜下來，停止那些不愉快的語言和想法。這樣我們的內心自然不會動搖，就能若無其事地重寫信件內容，說不定可以寫出更好的文章。

覺察到「這不是現實」，然後就能平靜下來。事實上，就代表我們的大腦把「自以為」的世界當成了「現實」。

也可以說，「大腦缺乏分辨非現實與現實的能力」。

譬如，心想著「失敗了該怎麼辦才好？」的時候，大腦其實已在潛意識重現了失敗時內心所衝擊的景象，讓我們對這樣的景象產生極為真實的「現實感」這樣的錯覺。因此，這些明明只是在腦中思考的想法，才會強烈地驅使著我們。

反過來說，就算再怎麼深陷於表現強烈的感情中，只要大腦認知到「那不過是腦中幻想的非現實」，就能脫離這種「現實感（reality）」的錯覺，將心情平復下來。這樣一來，不管是面對多大的困難，都能夠避開所謂的「二度傷害」。

「被宣告得了不治之症」和「因此自怨自艾委靡不振」是兩回事。

「失業」和「無法重新振作因此憎恨公司」是兩回事。

「隨著年紀增長皮膚老化」和「失去自信」是兩回事。

前者是現實，後者是非現實。因為非現實是自己幻想出來的，所以只要大腦覺察到這點，就能夠自己停止下來。

養成分辨「現實」與「非現實」的習慣之後，我們的內心就能常保強壯健康。

從佛法的角度
看待由「現實」進入「非現實」的過程

「觸」→「受」→「渴愛」→「執著」，
從「受」開始就都只是離「現實」越來越遠的腦內加工。
如果能自我覺察到這樣的情況，
就不會在不知不覺中陷入奇妙（負面）的思考模式了。

現在，我想從佛法的角度分析「現實」→「非現實」的這個腦內加工過程。這樣應該能讓我們更容易脫離「非現實」的糾纏。

1. 看到或聽到關於地震的新資訊→
2. 經過腦內詮釋後，感覺到愉快或苦痛→
3. 產生條件反射性的思考：如果是「愉快」，就覺得「安心」；如果是「不

快」，就覺得「不安」、「想消失」、「想逃跑」↓

4. 這種思考在內心固著，逐漸變成「思考模式＝反應模式」。

統整起來就成了

1. 接受資訊↓
2. 根據資訊產生愉快／不快的「感受作用」↓
3. 愉快的話便感覺歡喜，不快的話便感覺焦躁↓
4. 思考模式化。

以佛教用語來說，則是這樣的進程

1. 「觸」，也就是接受資訊↓
2. 「受」，也就是愉快／不快的刺激↓

3. 「渴愛」，也就是內心的反應↓

4. 「執著」，也就是模式化。

這裡要注意的是，從2.開始就都只是離「現實」越來越遠的腦內加工。如果能自我覺察到這樣的情況，就不會在不知不覺中陷入奇妙（負面）的思考模式了。

化解「自我洗腦」

要化解「自我洗腦」，
讓自己清醒過來，
就必須在我們接受資訊的時候，
隨時監控自己的想法：
「我是產生了愉快還是不快的感覺？」
「我現在腦中是在進行怎樣的思考＝產生怎樣的非現實？」

接下來我想說明一些題外話。

1. 在電視上看到核能發電廠的危機影像↓
2. 產生不快↓
3. 光是想到「要不要緊啊？」↓

4.電視影像和不安的情感就刻印在內心，從以前到現在的各種經歷都轉變成「容易不安」的思考模式。

也就是說，我們其實都擁有被所見所聞的資訊「洗腦」的特性。在沒有防備的情況下看電視、接受網路上的大量資訊，我們的內心因此產生了愉快或不快的感覺，不知不覺在記憶中植入不必要的思考模式，受到這種模式的洗腦。

我認為佛法所說的「執著」，幾乎可以用「洗腦」二字替換。

要化解「自我洗腦」，讓自己清醒過來，就必須在我們接受資訊的時候，隨時監控自己的想法：「我是產生了愉快還是不快的感覺?」「我現在腦中是在進行怎樣的思考　產生怎樣的非現實?」這樣會相當有幫助。

不管是怎樣的資訊進入內心，因此產生怎樣的想法，只要能記住這其實是「非現實」，將這樣的思考刻印在記憶中，就能保護自己的身心不受「洗腦」的侵害。

第二章

行善VS.僞善

接下來的第二章，我想談談如何將我們這次重大災難而萌生的「體貼」，在未來培育成「慈悲心」，而不只是一時的善意。

在第二章中我已經說過，如果沒有被第二支箭中，內心能夠保持平靜，而且還有餘力，再來就要練習培育慈悲心的方法。

我現在就要說明如何「練習」。

募款、捐獻和義工活動是偽善嗎？

就算這真的是「偽善」，真的是「假慈悲」，
但這種偽善比起什麼都沒做，
至少還是做了點事。
我認為，「假慈悲」如果能好好運用，
其實可以當作未來培育出「真慈悲」的種子。

在看到遭受重大災難的災民影像後，許多人都會想採取一些行動，甚至實際開始動作，進行募款或投入義工的行列。但這些人之中，應該也會有人覺得，「搞不好」這只是一種自我滿足的行為，而對自己是否只是偽善產生了疑問。

這樣的疑問，雖然在我們頭上扣上一頂「偽善」的大帽子，但就自我檢討的觀點來說，並不是什麼壞事。

另一方面，以這次災民的立場來說，實際上採取了大規模行動或捐獻大筆款

項的人，還是有人質疑他們是否只是偽善，或者沽名釣譽。

其實，像這樣責難他人或是批判自己，也不能說是空穴來風，沒有根據。

「這樣子幫助可憐人的我真是偉大」這種滿足感越膨脹，人類因為天生的優越感而產生的快樂就越強烈。這時腦中分泌的快感物質的強度，遠比吃到好吃的東西、看了好看的電影要多上許多倍。

一般來說，因為這種快樂而表現出「善意」的人，多半會自以為是、自鳴得意，所以常惹人厭。就某方面來說，這也算是一種自作自受。

不管是加入義工行列或進行捐款，特地跟別人說：「我做了○△喔！」絕對稱不上品德高尚。

而在震災後，因為整個社會瀰漫著「我去當義工了」、「我參加募款了」這種「偽裝成善意」的裝乖言語，結果就變成「沒有表達『善意』的人很差勁，居然沒幫忙，不可原諒，應該接受懲罰」這種強迫人們釋出「善意」的氣氛，實際上也的確產生了相互監視的無言壓力。

在這之中，因為在意別人的目光，只好心不甘情不願地捐出款項的人，相信一定不在少數。

善意的壓迫感。這種壓力，在我們的日常生活中可說是隨處可見。

舉例來說，有個不太熟的親戚說他要結婚了，再怎麼樣我們都一定會笑著恭喜對方，彷彿是有某種心理強制力在運作，不得不向對方釋出「善意」。

甚至更會因為煩惱「紅包該怎麼包？包太少會被說話，包多了又浪費」，然後開始打探別人都包多少錢來取個平均值，這也是常有的事。

但在我們的潛意識中，其實都存在著「為了不被人說話，就得包個好看的金額表達自己的善意。但其實內心深處一點都不想花這筆錢」這樣的心情。

不想捐錢，但若不讓別人看到自己的善意（＝好歹表面上看起來要像純粹的善意），就會變得很麻煩。

不管是誰，或多或少都會在某些當下無意識地衡量出這樣的計算公式，裝出「我是個好人」的表象，但內心深處卻因為心不甘情不願而搞得精疲力竭。

這次的震災也是一樣。

大家都在「裝好人」，形成一種「不可逃避討論震災」的氛圍，而互相壓迫著對方。其實到現在為止，我們都還在受壓迫。

而且，正因為現在對於「助人」的評價比平常高漲許多，在意他人目光而投入義工活動的人也變多了，這又是另一個互相壓迫的潛在因素。

告訴別人「我去當了義工喔」，其實是潛意識地貶低沒有參與義工活動的人。如果被這些人討厭、被認為是「偽善者」，好像也無可奈何。

可是，就算這真的是「偽善」，真的是「假慈悲」，但這種偽善比起什麼都沒做，至少還是做了點事。我認為，「假慈悲」如果能好好運用，其實可以當作未來培育出「真慈悲」的種子。

也就是說，縮小「偽善」中「偽」的部分，好好培育「善」的種子就可以了。（這個主題在我的另一本書《偽善入門》中有詳盡說明，在此就不做贅述。）

因此，本章的標題「培育偽善的方法」，絕對不是單純的諷刺，而是說即使一開始是偽善也無所謂，重要的是接下來要好好培育出真正的「慈悲心」。

有能力和沒有能力「同情他人」的時刻

只有在「自己認為對方很痛苦難過的時候」，
我們才會同情別人。
如果覺得「這個人獲得了某種快樂」，
我們通常就不太能產生同情心，
即使對方其實正在受苦。

首先我想重新探討一下，「體貼究竟是什麼？同情究竟是什麼？」這個簡單的問題。

如果看到有人很明顯就是很難過的樣子，我們一定會覺得他很可憐，想要幫助他，看是不是可以跟他聊聊，或是聽他訴苦。像這種「同理別人痛苦」的感情，程度雖然因人而異，但總歸都是某種同情心。

我們會想要幫助某人，或是覺得某人很可憐，必定是認為那個人遭遇到痛苦難過的事。若不是這樣，就不會產生這種同理心。一般來說，如果看到很幸福的人，應該不會想去幫助他們吧？

舉例來說，看到有人因車禍受傷，一開始都會覺得好可憐、好同情。但在知道發生車禍的原因，其實是這個人蹺班跑出去玩，雖然受傷了，但也算是為了某種快樂而付出代價，也就可能因此改變我們原先的判斷，認為這個人一點都不可憐。

不過，也許還是會有人覺得可憐。但大致上遇到這種狀況，我們都不太能產生同情心。

不過，發生車禍的人會蹺班出去玩，其實是因為一股想要逃避現實的衝動。仔細觀察，會發現這個人是因為太難過、太痛苦了，不得不用逃避現實的手段打混。車禍那天或許也是因為內心的痛苦而沒注意到周遭狀況，才會發生車禍。

畢竟，內心的痛苦難過從表面看不出來。

再多給你一些資訊判斷。

這個人回家後發現女兒把自己當成蟑螂，老婆偷客兄，家裡空蕩蕩，和同事的關係也不太好，根本就無法在公司裡待下去。這天剛好要出外勤，事情做完不想回公司，正想蹺班的時候，要是這時發生車禍，你又會怎麼想？

是不是會覺得「好可憐！」呀？

像這樣，只有在「自己認為對方很痛苦難過的時候」，我們才會同情別人。

如果覺得「這個人獲得了某種快樂」，我們通常就不太能產生同情心，即使對方其實正在受苦。

能夠同情陌生人，卻無法同情親近的人

比起身邊親近的人，
這些和自己完全無關、沒有利害關係的人，
比較不會讓我們產生記憶重新書寫的狀況，
也因此，我們才能自然地產生同情體貼之心。

通常，我們在幫助別人的時候，會感覺自己付出的比實際上要多。但接受別人幫助時則正好相反，會不知不覺地認為自己接受的並沒有實際上那麼多。這還真是奇怪，人心似乎有著無意識重新書寫自己記憶的特性。

「我聽了他的抱怨。」「為了配合他，我勉強自己更改行程。」像這種時候，不管多小的事情我們都會記得，這是因為我們希望對方記得「我們幫助過他」的部分，有機會可以討回來，也就是「有借要有還」。

相反地，「他聽了我講很多無聊的事。」「他在我生病時照顧我。」「他花

了很多精神栽培我。」這種「接受別人幫助」的部分，就像借了錢想裝作沒事，常常會故意忘記。

結果，這樣的落差造成我們感覺自己吃了虧，誤會對方佔了自己便宜，從中得到快樂。

如此一來，和我們有長時間接觸的人，不管是同事、情人、朋友或家人，這種「我幫你這麼多，你卻什麼都沒幫我」的誤解，便會逐漸累積擴展，越來越覺得自己幫對方做了很多事，對方卻一點回饋都沒有。

自己付出了很多，對方只付出一點點，這是對方佔了便宜，並從中得到快樂。而我們也就越來越沒辦法同理對方的痛苦。

我們很難同情、體貼親近的人的原因，也可以從這個角度來分析。

實在很諷刺，明明是最親近最重要的人，我們卻像在討債。「為什麼你都不對我好？」只會這樣生氣、任性、怒罵對方。

相反地，看到電視裡的陌生人陷入極為悲慘的境地，被剝奪了一切、悲傷難過，看起來一點都不快樂，就會湧出「好可憐喔」的同情心。

比起身邊親近的人，這些和自己完全無關、沒有利害關係的人，比較不會讓我們產生記憶重新書寫的狀況，也因此，我們才能自然地產生同情體貼之心。

「同情心」本來就不是純粹的東西

這種感情其實或多或少混雜了對於別人的優越感，
以及陶醉於自己認為別人很可憐這種心情的快感。
我們很容易因為這份陶醉，
而驕傲地以為「自己是好人」，
所以千萬要小心。

「同情心」在中國古代稱為「惻隱之心」，被認為是人類的一種自然情感。這樣的感情絕對不是壞事，而是能夠培育出慈悲心的根本。但是，就如前面所說，這種感情其實或多或少混雜了對於別人的優越感，以及陶醉於自己認為別人很可憐這種心情的快感。

我們很容易因為這份陶醉，而驕傲地以為「自己是好人」，所以千萬要小心。

而且，「同情心」也是具有某種強烈「差距」的感情。對於身邊親近的人，不覺得他們有什麼痛苦，遠方遭遇悲慘處境的陌生人，我們卻覺得好可憐，就是這樣的差距。

但其實遠方陌生人的痛苦和自己身邊的人的痛苦，差距並沒有那麼大。

像這樣，對於每天都會稀鬆平常地見面講話、親近的人，我們產生不了什麼同理心，卻非常重視遠方某個特殊人士或特殊物種，或是覺得某個住在特定地方的人很可憐。我們應該要了解，在這種時候，內心很可能會湧起一股「我真有同理心，真是個好人」的傲慢，同時也會因為腦中分泌的快感物質而陶醉不已。

於是，接下來就更會對身邊親近的人採取傲慢的態度，認為自己付出了許多，對方卻不知道感謝，就這樣陷入「妄想」的情境。但這完全只是妄想，並非現實，只是不斷看低別人、抬高自己所造成的結果。

在這裡就和自尊相當有關係了。

因為高度的自尊，錯判了自己的資質與周遭人們的資質，於是變得缺乏同理心。

因此，對於親近的人，例如同事、上司、下屬，以及家人、朋友，甚至是情人，「缺乏同理心」的狀況，和針對某個特殊族群的人或物產生「扭曲同情心」的狀況，事實上經常是所謂的共犯關係。只要能覺察到這一點，相信就比較能夠自我反省。

我再說明一遍，只喜歡某種貓、只覺得某種狗可愛、只覺得住在某個地方的人可憐，產生這種感覺的時候，不屬於這些特定範圍的朋友、家人，還有其他的人、動物、昆蟲等，就不會覺得他們可憐，變得忽視或攻擊他們也沒關係。我們的心就是會這樣依照自己的心情，任意地做出奇怪的差別待遇。

也就是說，「同情心」本來就不是純粹的東西。

我們的同情心或多或少都是「假的」

在釋出善意的時候，
應該連自己的身心都能感覺到溫暖的力量。
心中保持善意，
絕對是一件利人利己的事。

當朋友為了工作上的事情煩惱時，我們都會覺得「啊，好慘喔！」這是因為對方正處於比自己糟、比自己苦的狀況。雖然這不過是運氣的關係，但通常我們對這種因果並沒有自覺，就單純進入某種「我很好，我是個好人，跟我聊聊吧！」的興奮狀態。

當然，這樣的情況並不完全是壞事。畢竟不管怎樣，我們還是表現出善良體貼的一面。

但是，這只有在對方極為消沉、任由自己操控的狀態之下才會發生。

要是對方因為太過難過，不管我們說什麼都聽不進去，只是頑強地拒絕我們的關心。只要持續這樣的狀況，我們可能會因此感到焦躁，產生「那就隨便你吧」的想法——這種心情，與其說是善意，更該說是支配欲，其實只是一種想要操控對方來滿足自己的自戀行為。

可以說，我們所謂的「同情心」或多或少都是假的，是一種包含了虛假在內的同情心。

了解了某個特定對象的狀況後而產生的同情心，只要感覺到對方似乎不太甩我們，內心的熱情就會被澆熄。因為比起同理對方的痛苦難過，我們更能明顯感受到對方從死命撐著不理睬我們當中獲得某種快樂，或是發現對方在抱怨的過程中變得心情愉快。這時我們的思考模式便會瞬間切換回平常那種「缺乏同理心」的狀態。

然後，就會進入之前描述「有借要有還」的氛圍，開始覺得我都對你這麼好，你也該對我好一點吧？甚至還可能產生「我已經對這個人這麼好了，對別人就不用再這麼善體人意了吧？」的想法。

不過，在這種因為某個契機而湧起同理心的時候，能不能不要切換回平常那種缺乏同理心的狀態，而繼續維持善體人意的心情？

如果能夠保持著這種並非自我滿足的「同情心」，可不可以試試將善意擴及身處其他狀況的人？

在釋出善意的時候，應該連自己的身心都能感覺到溫暖的力量。心中保持善意，絕對是一件利人利己的事。

說個有趣的題外話，如果是想「讓自己充滿溫暖的力量」而釋出善意，溫暖的力量反而會離你遠去。因為這種溫暖的力量是我們湧起無所求的同情心時才會出現的副產品，若是特別去尋求，反而無法得到。

連結同情心與「慈悲心」

不管自己是為什麼產生了同情心，
都要好好把握這難得的機會，
不要一下子就切換回缺乏同理心的狀態。
這種「不要一下子就切換回原本的狀態」，
正是佛法修行「慈悲的冥想」中的要素。

所以，培育慈悲心的其中一個重點，就是在付出同情心的時候，不可以只限於某個特定範圍的對象。若將自己同情的對象侷限在某個特定範圍，反而會對這個範圍以外的人很不客氣。但如果不限定對象，也許就能消除這種奇怪的差別待遇。

另一個重點是，不管自己是為什麼產生了同情心，都要好好把握這難得的機會，不要一下子就切換回缺乏同理心的狀態。

這種「不要一下子就切換回原本的狀態」，正是佛法修行「慈悲的冥想」中的要素。

慈悲的「悲」雖然有許多不同的解釋，不過我認為，看到他人的痛苦，並且感同身受、耐心陪伴、理解明瞭，這麼精細的解釋應該最貼切。

這種情況和一股腦感情用事地覺得好可憐、好可憐，看起來很像，但事實上並不一樣。

所謂的慈悲，應該是理解並擁抱對方的痛苦，給予他溫暖的力量。「我了解，很難過喔。」像這樣溫馨地感同身受。

如果也用慈悲心來安撫自己內心的情緒，「啊，很難過吧？這樣啊，我了解了。」若是自己能夠了解並接受痛苦，即使我們深陷悲慘的情境，在精神狀態上也能保持平穩與溫暖。

嘗試過冥想的人應該可以了解，進入冥想時，「好麻煩喔，乾脆放棄好了。」「腳好痛喔！」「今天冥想完後要做些什麼？」——心中會充滿各式各樣的想法與情緒。

如果選擇一個特定的人進行冥想，同理他的痛苦，體貼他的情緒，但在此同時通常也會想到他討人厭的地方，然後瞬間便切換成「這個人還是很討厭」的感情。

慈悲冥想時的重點，就是將自己「集中」在「很可憐喔，很難過吧」這樣的感情。

「集中」的定義，就是將腦中多餘的思考和資訊減量，不要花費精神在其他的情緒或想法上面。

「很難過吧，很難過吧，是喔，很難過喔！」一直反覆在心中唸誦著。「好可憐喔」這樣的同情心、「你也很難過吧」這種想要擁抱對方的感情，就會漸漸地越來越強大，便也無暇思考其他的事。

在這樣的冥想中，我們也就能逐漸接近真正的慈悲心。

延展同情心的方法

畢竟要一直維持著善體人意的心情非常困難。
不過，只要能夠稍微延長一點時間，
就會有很大的不同。
只要從慈悲心的觀點，
將自己的內心集中在「你很難過吧」的同理心上，
就比較容易持續下去。

所謂的同情心，通常都不會持續太久，而且是配合自己的意思建立自己的形象，或是想要裝好人，不然就是虛情假意演出來的東西。尤其是像之前那樣的緊急狀況，整個日本社會到處充滿著不得不假裝好心的氣氛，這種情況就更為普遍。即使想要坦率地說出自己的心聲，也會擔心是否會因此遭到抨擊。因為在意周圍的目光，所以不得不裝出自己是好人的模樣。

可是，這種裝好人的同情心，在社會大眾看不到的時候，就會馬上切換成「缺乏同理心」的狀態。

「就算那樣也跟我無關。」「其實我才可憐。」「他真是讓我生氣。」「對他這麼好，居然還這種態度。」總之，就是找尋各種藉口，將自己缺乏同理心的情緒正當化。

佛陀所流傳的教誨中，《經集》這部經典裡有這麼一段出名的話語：

「現在這個世界上的人，大概都只思考著和你往來之後，自己能獲得多少利益，或是自己的心情會變得有多愉快。總之，就是用算計來發展人際關係。從這個角度來說，人心基本上就是汙穢的，骯髒地計算損益盈虧，是理所當然的事。

如果你不想跟這樣的人往來，那麼自己一個人會比較輕鬆。就像犀牛的頭上只單獨長了一支角一樣。」

糟糕的是，人們通常都是依照損益盈虧來行事，決定自己要不要對別人好。不管是想提升自己的形象，或是讓別人覺得自己是個好人，還是不想讓周遭的人看低自己，這都是在無意識中進行的算計。

如果不想讓自己變成這樣的人，那麼就在與他人實際接觸前，花一點點時間想像對方的苦處，讓自己產生「好可憐喔」、「很難過吧」這樣的同理心。進行這樣的冥想之後，不管見到誰，都比較能對他抱持著友善的心情。

只要善意能夠持續，就算對方並沒有照著自己的想法回應，也比較不會一下子就切換成缺乏同理心的狀態，而能理解成「對方會有這樣的反應，代表他其實很痛苦」。不會因為一時的不順心，便馬上發起火來，能夠讓自己的同理心多延長一些時間。

但事實上，可能也沒有辦法持續太久。畢竟要一直維持著善體人意的心情非常困難。不過，只要能夠稍微延長一點時間，就會有很大的不同。

這時，我們只要從慈悲心的觀點，將自己的內心集中在「你很難過吧」的同理心上，就比較容易持續下去。

而在背後支撐的，就是我們一開始就決定，不管得知怎樣的訊息，都要無條件地用同理心來看待。

所以，重要的是，千萬別被外在的情況所左右。

不管發生什麼事，都要保持冷靜。只要抱持著溫和地陪伴對方痛苦的心情，就算眼前的人再怎麼憤怒、再怎麼悲傷、再怎麼混亂，我們都可以冷靜地陪伴，理解他的痛苦。

這樣就不會將自己的想法強壓在對方身上，而能仔細聆聽對方的話語，並給予安慰。

透過「慈悲的冥想」，連結真正的慈悲

如果能好好珍惜這份得來不易的小小同情心，
讓良善的部分繼續成長，
那麼原本沒有得到回報就氣憤不已、陷入奇怪迴旋的假慈悲，
總有一天能夠與真正的「慈悲心」連結，
進入一種良善的循環。

如果嘗試過「慈悲的冥想」，第一次已經產生對自己的同理心，那麼就試著輕鬆地將這份同理心，擴展到自己喜歡的動物或人身上。不需要抱持自我犧牲的心情。

接著，才以自己討厭或煩心的人為對象，試著克服厭惡對方的想法，對他們產生「很難過吧」、「好可憐喔」的心情。

再來，就是對自己來說，不管是喜歡的、討厭的，或是平常根本不關心的、遺忘的人事物，都能夠注意到他們的存在。

舉例來說，這次的震災造成了很多人的死亡，相信同情他們的人應該很多，但是在瓦礫中死去的小動物、昆蟲或是細菌又如何？

曾經活著的動物、曾經活著的昆蟲、曾經活著的細菌，或是地球另一邊活著的人，也都需要同情。

這樣一來，我們應該就能理解，其實所有生物都承受著同樣的痛苦，也就會留心自己不要殺害、不要踐踏、不要吃掉其他生物。

像這樣，不管這個人或生物處於怎樣的狀態，我們都一視同仁，抱持著對方正在受苦的心情，希望對方不再痛苦。即使冥想結束後，我們又回到有差別待遇的狀態，但至少曾經練習過冥想，就能減少這樣的分別心。

而我們突然湧起的同情心，也就能夠稍微延長，不會一下子就切換回原本計算損益盈虧的狀態。

現在，在我們心中萌芽的「同情心」，或許不完全是假慈悲。

但是，如果能好好珍惜這份得來不易的小小同情心，慢慢用水灌溉，讓良善的部分繼續成長，那麼原本蠻橫地強迫對方、沒有得到回報就氣憤不已、陷入奇怪迴旋的假慈悲，總有一天能夠與真正的「慈悲心」連結，進入一種良善的循環。

第三章

幸福VS.快感

這次的大地震、大海嘯，以及核電廠事故——在這麼沉痛的情況之下，這本書的最後一章，希望能給予大家一些救贖，希望能讓我們察覺，從以前到現在所認為的幸福，其實並不是真正的幸福。將這次事件當作轉變價值觀的一個機會，在未來往真正的幸福，也就是「安穩的心」的方向來努力。

快感等於幸福的想法

在「快感等於幸福」的思考模式下，
大家為了變得更幸福，
拚命地想要增加快感的數量，
而讓我們的文明越來越發達。
但是，如果快感並不等於幸福呢？

到目前為止，我們所認知的幸福究竟是什麼？說起來，其實就是「快感」。大概是從十九世紀後半，明治維新（1868年）左右開始，「快感才是幸福」的思考模式慢慢滲透到日本社會。我看到了這種想法和建築在這上面的文明，引起大量憂鬱症的發作，每年自殺人數至少三萬人以上的異常狀態。

如果不管表面上的地位或經濟能力，在每個人身體裡裝上可以測量內心活動的裝置，或是在身體裡裝上測量神經傳導的機器，然後監測我們所感受到的幸福。那麼，和江戶時代之前比起來，我們感受到的幸福總量有比較多嗎？我們真的變得比較幸福了嗎？

現代人的神經迴路（大腦中有上億個神經細胞，細胞彼此連結成多個迴路，像安定的神經迴路、快感的神經迴路等等，這些迴路再形成完整的神經系統）受到長時間過度刺激的折磨，坦白說，這不管是對身體還是心理，都是一大不幸。

應該是為了傳達幸福感而運作的神經，經過幾百年之後，居然要遭受這樣的痛苦，事情不該是這樣的吧？

當然，可能也有很多人持反對意見：「才不是呢，我們變得很幸福啊！」我們這些現代的日本人，大部分都不需忍耐寒冷發臭的廁所、酷熱的教室、冷水洗衣服這類的事，肚子餓了（就算不餓也會想用吃來消除壓力），二十四小時都有現成的食物可以享用。每年都期待著漂亮的當季服裝和新款的電子產品上市。不需要走上好幾天，只要搭乘電車，就可以到達很遠的地方。若是連電車都不想搭，待在房裡照樣可以接收到世界各地的資訊。

的確，我們變幸福了——如果這也可以被稱作幸福的話。

實際上，只是我們感覺到快感的機會增加了。這些機會當然都是因為我們想要獲得快感而製造出來。在「快感等於幸福」的思考模式下，大家為了變得更幸福，拚命地想要增加快感的數量，而讓我們的文明越來越發達。

但是，如果快感並不等於幸福呢？

獲得「快感」的歷史

增加快感就是增加多巴胺的分泌量與頻率。
可是，多巴胺有著類似毒品的特性，
如果增量，就代表毒品的量也跟著增加，
慢慢會有習慣的耐受性，
漸漸地就會失效。

那麼，快感原本究竟是什麼？
我們會感受到快感，是因為腦中分泌出多巴胺（Dopamine）這種神經傳導物質。這會讓大腦局部在受到刺激時產生愉快的感覺，刺激消失後，會留下不滿與倦怠，因此想要分泌更多的多巴胺，這就是快感的運作方式。
換句話說，增加快感就是增加多巴胺的分泌量與頻率。

可是，多巴胺有著類似毒品的特性，如果增量，就代表毒品的量也跟著增加。因為是毒品，所以慢慢會有習慣的耐受性，漸漸地就會失效。

下一次，同量的多巴胺便無法產生同樣強度的快感。為了獲得快感，便會一再增加分泌量與頻率，然後侵害到大腦的神經迴路。

舉例來說，以前曾經有過擁有洗衣機就覺得幸福無比的年代。

稍微有了點錢，好不容易買到洗衣機的人，會在內心充滿感謝：「終於不需要用手洗衣服了！之前實在太辛苦了。」大腦因此分泌多巴胺。這個瞬間、這個時刻的感覺，就會被誤認為是幸福。

但是，每天都可以用洗衣機，時間久了，新鮮感過了，不再分泌多巴胺，當然也就不再有這就是幸福的錯覺。

之前沒用過的東西，只有在剛開始使用時會產生快感，等用了一、兩個月，這個東西就不再是產生快感的泉源了。

而且不僅限於物品，戀愛和婚姻也是。

只要受到「快感」產生原理的控制，剛到手的新鮮感總有一天會飽和，快感隨著長時間的相伴而遞減，最後只剩下無聊與不滿。

這該怎麼解決呢？只要擁有新的東西、新的對象、新的地位，多巴胺就會再度分泌出來。

於是，冰箱、彩色電視機、冷氣、汽車和房子，我們這些二次大戰後的日本人，擁有了各式各樣的東西，同時也感受到短暫的快感。

拿到某樣東西，等新鮮感過了，不再產生快感，就再去追求別的東西。就這樣，我們不斷地追求更新、更方便、更刺激的東西，因此造成了人類的進步。

但是，等所有東西都慢慢到手之後，不管獲得什麼新東西，都無法再產生之前感覺到的那種快感。

接下來，就是同種類的東西不斷推出更方便、更新潮、差異非常微妙的新產品。在不斷追求微妙差異的競爭中，我們所感受到的快感刺激頻率增加了。也就是說，多巴胺分泌的頻率增加了。

過多的「快感」反而會增加匱乏？

給予過多快感，
就會造成我們的冷感。
給予過多的快感，
因而造成冷感，
然後對無法產生快感感到不滿和匱乏。

但是，最近卻變成連這微妙的差異都難以讓人感受到快感，不得不承認已經達到飽和狀態。這種飽和狀態，就是因為過度的快感刺激，讓腦中感覺快感的接收器產生了耐受性，普通的刺激已經無法再讓我們感覺到快感了。

諷刺的是，原本為了追求快感的享樂，結果反而增強了「不滿足」的匱乏。不管再怎麼玩樂、分泌出多少快感物質，感覺的接收器因為過度使用而產生耐受性，變成「感覺不到」任何東西，也就是所謂的「冷感」。

接收到的舒暢感減少，滿足感也越來越模糊，於是開始變得焦躁，渴求著更強烈的刺激。但是，即使是更強烈的刺激，也難以產生快樂的感覺……

我們可以舉現代人在不知不覺中越來越常見的暴食症，當作這種現象的代表。

我在學生時代就曾罹患甜食的暴食症，因此相當明瞭這個痛苦的過程。受到慾望驅使，吃得越來越多，刺激過度、快感過多，搞混了我的味覺，不管吃得再多，也無法滿足。在這種不滿足的作用之下，即使吃到脹得要死，還是繼續把食物往嘴裡塞。

像這樣，原本是為了生存而產生的食慾，因為偏離了原本的目的，變成為了讓舌頭感受到美味的快感刺激而吃，轉而走往危害生存的方向。

我要重述一次，重點就是給予太多味覺的快感，反而減少我們接受到的味覺資訊。同樣地，給予過多快感，就會造成我們的冷感。這雖然是從我的人生經驗所導出的假設，但相信應該與事實相距不遠。

給予過多的快感，因而造成冷感，然後對無法產生快感感到不滿和匱乏。照這樣來說，戰後的日本經濟變得富裕起來，過度的快感刺激造成人們精神上的匱乏，因而失去活力，我想應該可以這樣解釋。

在這個快感已經完全飽和、大部分現代人都變得「冷感」的時代，能夠重新掩飾這種飽和狀態的，大概就是網際網路吧！從電子資訊和通信獲得的「快感」，正成為席捲現今市場的最新商品。關於這個現象，在之後的內容中我會再詳細描述。

過去的日本人較少罹患精神疾病？

在江戶或室町時代的一般平民，
幾乎沒有什麼頻繁分泌多巴胺的機會。
很多時候因為工作、慶典或戀愛的關係，
腦中會大量分泌多巴胺，
因而感受到快感。
但是在頻率上並非那麼頻繁，
可以有充分的時間在沉靜下來後重置神經迴路，
好好地平穩自己的內心。

如同我在前面所說，快感頻率的增加會造成我們冷感，一直無法得到滿足，也可以說是一種造成心神紛亂的過程。這完全是因為不斷分泌多巴胺的緣故，腦中一直存在著多巴胺這種毒品，完全沒有可以進行重置的空檔。

用佛法的詞彙來說，就是一種邁向「渴愛」的中毒症狀，也就是毒品上癮的狀態。

反過來說，我們很容易想像得到，在江戶時代（1603～1868年）或室町時代（1336～1573年）的一般平民，幾乎沒有什麼頻繁分泌多巴胺的機會。當然，很多時候因為工作、慶典或戀愛的關係，腦中會大量分泌多巴胺，因而感受到快感。但是在頻率上並非那麼頻繁，可以有充分的時間在沉靜下來後重置神經迴路，好好地平穩自己的內心。

對大多數人來說，每天的工作就是為了生存而勞動身體，不斷重複同樣的活動，逐漸習慣嚴苛的環境。

在這樣的生活方式之下，多巴胺始終沒有過多大量分泌的機會。雖然是重複著看來很無聊的工作，但是可以讓因快感而中毒的內心平穩下來，人也能恢復精神。

在山口縣（日本本州地區最西端，距離九州很近）當住持的父親最近退休了，我繼承了他原本從事的農作，每天專心地在田裡耕種，從而實際體驗到這種感覺。

以前的生活，大概就是這樣，每天重複著相同的工作，我認為這對精神衛生來說非常好。今天一整天好好地工作，終於完成了！就算此時同樣分泌出多巴胺、獲得了快感，也不會有中毒的疑慮。

然後等心情平靜下來重置過後，不管是和情人見面，或是吃到好吃的東西，都可以確實感受到新鮮的快感。

關於「重置」，特別是身體勞動的反覆動作，是可以在腦中分泌出平穩內心的神經傳導物質。佛法修行中也有重複同樣動作的工作，可見集中精神反覆動作可以平穩、沉靜內心，這個道理是在發展出生理學等學問之前，就廣泛被大家所認同。

總之，江戶時代之前的平民，他們生活在身體勞動的循環當中，雖然不少人因為饑荒、瘟疫或戰爭而死，但基本上罹患心因性精神疾病的人，比起現在可以說少得非常多。

過去只有特權階級的人才會產生心病？

富裕的人不需從事身體勞動，
腦中充滿許多無謂的想法，
才會造成心理疾病。
特權階級這般刺激的生活，
在平民眼中看來，
應該是很幸福的吧！
但事實上剛好相反，
我們可以看到內心生病的，
反而是這些貴族。

但是，在那樣的時代，仍然有一群人和現代人一樣，精神生了病，那就是王公貴族和富豪等特權階級。

實際上，佛陀還是釋迦國的王子時，就是這樣吧！

不工作也無所謂，有很多屬於自己的時間，冬天就到溫暖地方的行宮避寒，夏天就到涼爽地方的行宮避暑，看到中意的女人，隨時可以納入後宮，一年到頭都在開宴會，吃了許多好東西——就生物來說，不管是不自然或不必要的東西都吃了很多——以現代的生活來比喻，就等於每天都到高級餐廳或是看演唱會那樣熱鬧喧騰，過著不斷接收快感的生活。

這樣一來，就和我之前說的一樣，腦中呈現毒品上癮狀態，連思考都變得奇怪。原本應該是很舒服、很幸福呀——但為什麼內心很空虛，平靜不下來，整個人都顯得很焦躁……

佛陀會在突然間捨棄家庭、地位、妻子和擁有的一切東西，踏上出家的旅程，應該是想要治癒內心的紛亂吧！

日本平安時代（794～1185年）的貴族，表面上過著吟詠和歌、熱愛舞蹈的高尚生活。然而，為了讓當時的權威人士讚賞自己吟詠的和歌而互相競爭、從大陸進口珍貴高價的物品以誇耀自己的權力、舉辦新奇特別的活動在宮中引起驚奇，這些行為全都和快感中毒的原理有關。

從很早以前就是這樣，富裕的人不需從事身體勞動，腦中充滿許多無謂的想法，才會造成心理疾病。

特權階級這般刺激的生活，在平民眼中看來，應該是很幸福的吧！但事實上剛好相反，我們可以看到內心生病的，反而是這些貴族，而大多數平民則擁有非常健全的心靈。

現代的日本就和以前的貴族一樣奢華度日，造成精神上的不幸四處蔓延，和戰後一無所有的日本相較，人們雖然貧窮，卻保有精神上的健康，真的是很典型的對比。

不管是貧窮時代的日本人，還是大戰剛結束的日本人，的確都在生活上過得非常艱苦，但是這樣的艱苦卻激勵了我們的神經。人類為了保有精神上的幸福感，便會努力去克服種種的不便與困難。

於是，在抑制了快感和舒適頻率的狀況下，我們自然能夠仔細品味每一種不同的快感，而充分體會滿足與充實的感覺。

資訊化社會的意義

在現實世界獲得的認同，
的確對生存有所助益，
但是在虛擬世界基本上不會得到實質的結果，
別人根本不會在意。
這只是僅存於網路世界中表面的東西，
而不是為了生存所需要的那種認同。

不過，大多數人應該還是希望能像貴族一樣，感受大量的快感，過著輕鬆愉快的生活。而且也很不幸地，這件事在戰後的日本逐漸實現了。

好不容易願望實現了，大家卻也因此得到某種疾病，因為腦中不斷分泌出過度的毒品，連短暫的休息空檔都沒有，大腦已經受到十足的侵害。

就像我之前提過的，我認為這個現象是由現在的資訊化社會所造成。所謂資訊化社會，大概是從距離現今二十年前左右，我還是中學生的時候開始發展。不過，到了最近這兩、三年，在社群網站急速擴張下，才形成了真正完整的資訊化社會。

社群網站的雙向性與加速度，對於從資訊的流通可以獲得快感的人類本能來說，可算是一大刺激。

在我們的 DNA 當中，為了生命的存續，已經刻印上「資訊的取得越多越好」的本能。與別人連結、獲得別人越多的承認與稱讚，對我們的生存就越容易，這從生存本能的角度來看，是很理所當然的事。雖然形式可能不同，但人類歷史從發展之初，就一直延續著這樣的思考模式。

但是，如今這個本能的系統已經流於奇妙的形式，即使是無用的資訊，也會想多知道一點。只要有人說到和自己相關的事，就會很在意。無意識地想要上網檢查留言、不斷地想和別人進行互動等等，種種現象都像強迫症一樣地驅使著我們的行為。然後，因為想要接受這些資訊給予我們的刺激，而浪費了龐大的時間。

然而，仔細觀察使用電子產品和別人交流的狀況，在虛擬世界中被許多人承認接受、在網路上蒐集許多資訊，這並不代表我們在現實世界能夠過得比較好，也無法保證我們能夠生存得比較容易。

的確，可能還是可以透過網路獲得工作委託、和平常不可能認識的人講話，甚至在現實世界受到注意，但是也只會發生在極少數人身上，大部分的人還是遇不到這種好事。

E-mail（電子郵件）、Twitter（推特）、Weblog（部落格）、Mixi（日本網路社交平台）、Facebook（臉書）等等，不過是讓你寫出一些東西，像是今天發生了什麼事、開始養狗了、煮了什麼菜、看電視上哪個明星出來表演得好還是不好、氣死了之類的事。只不過寫了之後，別人看到可以留言回應。

為什麼這樣會讓我們感覺很快樂？我認為，這是因為我們的本能產生了錯覺。

得到他人的接受與承認，從古時候開始，就對我們的生存很重要。大家在現實世界中受到讚賞，村長認同「你很會種田」，在村子裡的地位就會上升，發生困難時別人也會願意幫助你。這樣的連鎖反應，讓受到認同的人存活下來。

而在我們的腦海中，也對不受認同、遭受排擠、受到私刑的人印象深刻，覺得他們因此無法好好生活下去。於是漸漸地，我們的 DNA 便刻畫上希望獲得他人認可的需求。

問題是，大腦無法區別在現實世界獲得的認同，與在虛擬世界獲得的認同。在現實世界獲得的認同，的確對生存有所助益，但是在虛擬世界基本上不會得到實質的結果，別人根本不會在意。

也就是說，這只是僅存於網路世界中表面的東西，而不是為了生存所需要的那種認同。

但是大腦完全無法分辨，誤認這就是現實世界中的認同，判斷這對生存有幫助，因此分泌出快感物質。

因為希望能感受到最大量的快感，竟然把這種錯覺當真，自然會希望回應的對象越多越好，回應的頻率越高越好，回應的速度越快越好。

順利的話，自己發布的訊息能收到許多人不同的回應，因為「別人把自己當一回事」而歡喜不已，腦中分泌出大量多巴胺。所以，每天不收個信、回個信就不舒服，不在社群網站上寫寫自己的想法、多發布幾篇沒頭沒尾的閒聊日記就不舒服，總覺得一定要不斷地寫些東西上去，一定要不斷地發布新的文章，一定要盡量寫出讓人想看的東西——於是演變成這樣的情況。

社群網站的毒品特性

這種渴求的本質，其實就是意識到
「希望大家能知道『有人很把我當一回事』」。
也就是希望別人能注意到
「我居然獲得了這樣的回應，真是了不起啊」。

基本上我對社群網站的各種特質沒什麼意見，不過就其具有的毒品特性這一項，倒是有些想法。

我在大學留級第二年，也就是大六的時候，因為朋友在開設 Mixi 的網路公司工作，於是在 Mixi 發展初期也參與使用。直到現在都還記得，能夠和從沒見過面的朋友的朋友認識接觸，當時感覺非常新鮮。

這個網站可以讓互為好友的兩個人閱讀對方的日記，還貼心地標示出「哪個人在幾點幾分瀏覽了自己的日記」這樣的資訊。

這是一種非常巧妙的設計，讓人覺得「自己受到別人的關心和注意」，於是從神經質地不斷檢查更新中獲得快感。

令我印象最深的是，如果有人在自己的日記上留言，登入時便會用明顯的紅字標示出「最新留言△○件」。

當時我偶爾會自我陶醉地寫一些夢話般的小詩當成日記，每次這樣更新後，不久就會看到「最新留言X△」的紅色字樣，因而欣喜不已。

有趣的是，當時 Mixi 裡有個「登入時看到紅字就很高興，沒看到紅字就很生氣」的社群，我還記得這個社群的成員大概有幾萬人之多。

有自覺的人就已經這麼多了，如果把對這個症狀沒自覺的人算進去，恐怕不只這個數字。

那麼，對於這紅色字樣的渴求，究竟是怎麼回事？

我認為這種渴求的本質，其實就是意識到「希望大家能知道『有人很把我當一回事』」。

也就是希望別人能注意到「我居然獲得了這樣的回應，真是了不起啊」。自己的日記獲得的回應是朋友的私人信件，還是公開的留言，這之間的差別就在於「其他人看不看得到這則回應」。

因此，就算是相同內容的回應，比起收到私人信件，寫在公開留言能用「紅色字樣」標示出來，所獲得的快感無意識地要大上許多。

如同前面所說，因為我們擁有希望獲得大多數人認同的天生慾望，這種「其他的人也看得到」的視線威力，可說是強大無比。

事實上，比起一對一的私信溝通，「對話交流能被許多其他的人看見」這樣的設計，更容易讓人上癮。

說個題外話，這種希望別人能注意到對話過程的慾望，其實是讓做出回應的對方變成只是「向他人展示自己名氣的工具」。

之後我已經很久沒再使用電子產品，因此不怎麼了解最近的情況，不過我想不管是 Twitter 還是 Facebook，本質上應該都差不多。

向一般大眾公開自己與他人的溝通交流，會獲得「自己可以和他人連結」的實在感，因此就算是一個人孤獨地上網，腦中也能體會到快感。

即使是八卦謾罵的匿名討論版等網站也一樣，同樣都是「在大家都看得到的地方進行交流討論」。

過度滿足的不幸

不斷地收到信件、不斷地看到贊同的回應，
一直處於快感滿溢的狀態，
在過度大量的刺激之下，
快感飽和形成冷感，
從此墜入不幸的深淵。
真正的不幸並非交流慾望無法獲得滿足，
而是從過度滿足的時候開始。

不過，也不是一直都這麼順利，能讓腦中不斷分泌快感物質。寄了 e-mail、寫了 Weblog、發了 Twitter、在 2Channel（日本的匿名討論版）講了很多壞話，結果都沒有人回應……

這時就會變得徬徨、不安、焦躁、消沉——是的，就跟斷了毒品的情況一樣。

如果這時想辦法補充毒品，就會變得更投入在網路世界當中，而不停地接受快感物質的結果，就是之前所說，接受快感物質的接收器因此疲乏崩潰。

這個過程，首先是從內心無法安定開始。因為一直處於興奮狀態，心中沸騰不已，無法安靜、鎮定下來，總感覺有點不安。

就神經的感官來說，會覺得坐立不安、心驚膽跳，有種焦躁刺痛的苦悶感；就心理狀態來說，就是不安、匱乏、空虛的症狀。

這樣的感覺在本質上，坦白說不是「因為沒有收到回信很焦慮」，也不是「發了訊息沒有得到大家的贊同」。

其實是因為不斷地收到信件、不斷地看到贊同的回應，一直處於快感滿溢的狀態，在過度大量的刺激之下，快感飽和形成冷感，從此墜入不幸的深淵。

也就是說，真正的不幸並非交流慾望無法獲得滿足，而是從過度滿足的時候開始。

喜歡的對象寄來很多信息，只要是自己說的話都能獲得別人的贊同，這個瞬間——就是這個時候，快感趨近飽和了。就算得到和過去一樣熱烈的回應也不開心，反而會變得焦躁，無法鎮定，夜裡徬徨不安無法入睡，陷入奇妙的空虛之中。

這就像因為受到父母過度保護而變成過度依賴的小孩子，不管要求什麼，爸媽都會答應，快感飽和之後反而容易發脾氣。

本書的第一章討論過所謂「第二支箭」。這第二支箭實際上並不只限於大腦對不愉快狀態的反應。大腦對「快感」的反應，也同樣會在腦中產生主觀印象刻印在內心的「第二支箭」。

我們生活在現代社會，不斷地接觸網路上的符號資訊，在腦中產生「真高興」、「真開心」的感覺，這些資訊不知不覺便刻印在內心，我們就慢慢地被網路世界「洗腦」了（關於這項機制，讀者可參照第一章）。

那麼，該如何化解網路的「洗腦」？首先，我們對電子郵件或社群網站上的對話交流所產生的「腦中憂喜」，都應該具有「這是非現實」的自我覺察，不要讓這些感覺刻印在心中。

現在的社會不斷地用大量資訊淹沒我們，想讓我們獲得最大的快感，所以我們需要學習這種強而有力的精神技法。

如果沒有任何自覺，任由資訊淹沒，那麼「符號」的「非現實」世界就會在腦中逐漸強大，這是很危險的。

符號化的「自我」，正是呼喚最大快感的商品！

在高度經濟成長顛峰的泡沫時代，
物資豐盛的那個時間點，
心理疾病就即將蔓延而蓄勢待發。
資訊的傳播已經可以即時同步，
速度已到達頂點，
使得我們連排出毒品的空檔都沒有。

之前已經說明過，在這裡重新深入探討這個話題：資訊技術尚未發達的時代，快感產生的頻率有著自然的制約，所以不用太在意中毒上癮的問題。

以前人類的生活，其實不太能透過溝通資訊，分泌過多的快感物質，可以說這個管道是被封印起來的。

假設有很多人寄信給自己、報上刊載了關於自己的新聞，這絕對代表大家對自己的認同，當然會因此產生強大的快感。但是，以前只有極少數人能夠體驗到這種滋味。

然而，在網際網路盛行的時代，許多人都可以得到類似的快感。而且，非常頻繁。

以前自己偶爾與他人通信，一年大概只有一次上報，這樣的快感，只要時間久了就能平靜下來。但如果每天不斷收信寄信、使用Weblog、Twitter、Facebook、Mixi，那麼就會超過了多巴胺接收器的臨界點。

恐怕在高度經濟成長巔峰的泡沫時代，物資豐盛的那個時間點，心理疾病即將蔓延而蓄勢待發。然後，這幾年來資訊技術發展迅速，資訊的傳播已經可以即時同步。因為資訊傳播速度已到達頂點，使得我們連排出毒品的空檔都沒有。

就在數十年前，還不是每個家庭都有電話機的時候，有事想要告訴別人，只能透過寫信。那時寫好信寄出去，大概要等上一個月，經過一段時間才收到回信，心裡很開心。慎重地閱讀對方的信件，然後再回信。在這個過程中，毒品就被排除掉了，內心也能夠重新獲得平靜。

等到電話普及時，遠距離溝通的快速化就開始急遽進展。

比起使用網路溝通，打電話的感覺雖然較為真實，但是透過電波轉換聲波之後，其實和現實面對面的溝通還是不一樣。明明不在面前的人，「彷彿在面前說話」，讓大腦產生了錯覺，具有強烈的虛擬特性。

這讓我們想到，的確有許多人會在講電話的時候，一邊說「真是非常抱歉」，一邊不斷低頭行禮。我想可以這麼解釋：即使電話那一頭的人看不見，但是大腦因為聽到對方的聲音，產生「彷彿在面前說話」的錯覺，就自然產生這樣的動作。

像這樣憑藉聲音這種片斷的資訊，產生對方就在面前的虛擬認知，這時溝通就已經急速資訊化、符號化了。

而等到使用文字這種符號中的符號，透過網際網路快速對話交流的時候，資訊化與符號化也就完成了。

近來現代人所追求的，特別是這兩、三年來熱中的，是從早到晚都在網際網路、雜誌、書本上尋找「符號」。但最常做的，其實應該算是在手機和電腦螢幕上尋找符號吧！

而且，最常尋找的，還是關於自己的符號。

別人對自己評價的符號，不只是贊同的回應，就連壞話也很在意。

也就是說，現在世界上最強大、最值錢、最熱門暢銷的商品，就是與別人對自己的想法相關的符號。這就是Facebook、Mixi、Twitter等網站賺大錢的來源。

換句話說，就是將自我資訊化之後，當成販賣的商品。

可以說是以治癒寂寞做為釣餌，讓大家滿足「想被眾人注意、與眾人連結」的慾望，因而上鉤。

有些人可以順利切割，單純把網路當作工作上使用的工具，但是大部分人使用網路，都是為了透過與人連結、受人贊同而產生的快感而使用網路。

就我看來，這些假裝只是把網路工具當成「為了工作上需要」而進行切割的人，心裡都知道自己其實很依賴網路。因為意識到了這一點，感覺很羞愧，所以才會自我暗示、自我欺騙，裝作「自己只是單純當成工具使用」。

總之，我們是透過現代的資訊工具與他人連結，大腦分泌出多巴胺，因而獲得快感。

然後，在多巴胺消耗完之後，因為感到空虛不滿，為了消除寂寞的感覺，希望分泌出更多的多巴胺，於是更加沉迷。

同時，操縱這整個過程的，其實全都是符號。不是現實，而是文字這種符號。從早到晚，在煮飯、在吃飯、在看電影的時候，符號都在腦袋裡四處流竄。

因為沉浸在語言這種「非現實」的符號中，很容易造成之前所說，非現實的「二度傷害」在腦中胡亂操弄的情況。

就在我們脫離現實，沉浸在對自己腦中的世界、語言、符號，完全上癮的生活時，發生了這次的大地震。

我認為，這次地震等於是打破了腦中世界所建構的牢獄，動搖了分泌多巴胺等於幸福的這種想像。

從符號的虛擬邁向身體的現實

越是沉浸在「非現實」的世界，
在非常時期心情便會越加混亂，
精神也慢慢變得脆弱。

在此，我不怕遭受誤解地想問一句，這次地震的災民，究竟是不是真的像沒有受災的民眾，例如我們這些東京人所想的那麼不幸？當然我知道，悲慘地失去一切、感覺到突然掉入不幸深淵的人，還是佔了大多數。

但是那些勉勵自己好好加油、努力想要重新站起來的人，不就跟之前討論過，和戰後那些一無所有，但是內心陽光健全的平民擁有類似的心態嗎？

關於這一點，我之後會再詳細說明。現在我想要討論的，是住在非災區的人，譬如我們這些東京人的問題。

剛剛我說過，我們現在已經對資訊符號中了毒、上了癮。因此，我們腦中產生的「非現實」想法，就很容易胡亂操弄。

也就是說，在現實中發生了某件事，我們不是接受現實狀況，而是馬上在心中創造出「非現實」，反射性地產生對應的情緒，像是「啊，糟糕了。」「若失敗了怎麼辦？」「都是因為有我在，才能這麼順利。」等等。

就我看來，正是這種「對資訊產生非現實情緒反應的習慣」深刻地影響著我們，持續進行「洗腦」動作的後果，讓我們這些文明人在這次震災和後續的核電廠事故中，陷入原始本能的資訊恐慌之中。

我雖然沒有電視，不過聽別人說，東京電力、日本政府、各方專家透過電視傳播的資訊似乎都有矛盾。而在網路上也大量散播著各項「安全」或「危險」的資訊。

這些資訊當中應該有很多都是謠言，但是，希望是「安全」的人，收到了「好像很安全」的資訊，便會感受到快感，而對於現狀抱持悲觀想法的人，或是對政府與現狀充滿批判的人，則是在收到了「好像很危險」的資訊時就會感受到快感。每個人都依照自己的情緒，胡亂選擇相信或不相信這些資訊。

這樣產生的情緒反應，如果只存在腦中世界，造成的傷害還算小。但是，因為現在「不管是誰都能發布資訊」，所以大多數人都將自己腦中世界產生的「第二支箭（二度傷害）」射向了他人。

像「Twitter 這樣的社群網站，流竄著各式各樣的謠言，而相信的人再將這些資訊擴散出去，造成謠言爆發性擴展開來。

然後，接收到這些言語符號的人，腦中再度受到刺激，又中了另一支箭，形成一種惡性循環。

這樣討論起來，就能明瞭越是沉浸在「非現實」的世界，在非常時期心情便會越加混亂，無法冷靜，精神也慢慢變得脆弱。

這就是包括我在內，還活在東京的人心靈已經弱化、變得不幸的證據。

在此之前，我們還可以裝作沒看到，但是因為這次的災難，反而凸顯這種「不幸」的狀況。

從這個角度來看，我認為這次災難的其中一個教訓，就是不要讓「資訊加速社會」繼續「洗腦」我們，並且重新體認現實溝通與身體勞動的重要性。

我們應該轉換方向，不要繼續發展這個透過資訊的地毯式攻擊侵害，封閉自己大腦的文明。

總歸一句話，我們應該從符號的虛擬邁向身體的現實。

因為這次的災難，海外媒體對於在這種悲慘狀況下仍然遵守秩序，互相幫助的日本人非常讚賞、多所褒揚。我也接受了韓國媒體的採訪，探討關於向日本人學習的主題，例如為什麼日本人在這種時候還可以互相幫助。

我是這麼回答的：與其說是日本人，應該更精確地說，是日本東北地方（位在本州地區的東北部，共有青森、宮城、福島、岩手、秋田和山形六個縣）的人。如果相同的地震是發生在快感成癮者聚集的東京——我認為這次的事件，並不是所有日本人都這麼了不起，了不起的是日本東北地方的人。

我所說東北地方的人，是指即使日本國內還有很多地方可去，但仍然選擇留在東北的人。「如果可以選的話，當然還是要選東北。」會這麼想的人。

在日本，大多數人都想去東京或大阪。包括我居住的山口縣在內的中國和九州地方的人，則會想去福岡。總之，大家都想去資訊匯集的城市。但是，東北不一樣，東北很棒，是自己出生的故鄉，保留許多自然美景，糧食也能自給自足，是讓人自豪的美麗地方，因為這麼想而選擇待在東北的大有人在。

至少那些想要獲得最大快感的人，不會選擇待在東北。

所以東北地方的生活方式，可說是就算中了第一支箭（創傷），也不會讓第二支箭（二度傷害）貿然射中，而是選擇直接面對現實。

這就是佛教，特別是禪宗的生活方式。

話說回來，禪宗在東北地方扎根很深，到處都可以看到禪宗寺院。

自我約束後的價值觀改變

就在這時，
大地震和大海嘯來襲了。
我們這些大多數原本沉浸在快感裡面的東京人，
現在變得無法保持熱鬧歡樂的心情，
即使遊玩也不感到快樂。
現在的我們，
會毫不猶豫地指責享樂的人不夠謹慎，
也會感到良心受到譴責。

一時籠罩著全日本的「自我約束」行動，現在也該告一段落了。在這裡我想再次說明第一章提到的內容，也就是雖然自我約束有許多糟糕的地方，但其實也有好的一面。

在震災慘狀的報導面前，大多數人應該都有一段時間抱持著「實在沒心情，追求最大的快感有什麼意義？」這樣的情緒。甚至可能有一段時間什麼事都不想做。

像是沒力氣、沒精神、消沉、憂鬱等等的心情狀態，絕對是不受歡迎的。然而，在這樣的狀態中，我看到了價值觀轉換的小小嫩芽，或者說是小小種子。

東京是我們所創造的文明中，最先進的都市之一。

想想看，日本總人口的十分之一，集中在這麼狹窄的地方生活著，明顯地異常。但這都是因為東京是資訊最集中的地方。

就如同這本書一直在討論的，現在的狀況是，資訊才是快感，也就是多巴胺分泌最大的釣餌。因此，包含我在內這超過一千萬的人，就像土狼一樣，為了追求資訊而來到東京。

在東京，資訊有著更多的差異，像是更新潮的食物、更驚奇的電影、更華麗的化妝、更刺激的交通工具等等，這些東西能產生刺激大多數人大腦的符號資訊，因此許多人下班後就去做這類的消費遊玩。

這些東西對生存並沒有幫助，只是單純刺激人類的大腦，讓人產生快感，進而陷入瘋狂。

就在這時，大地震和大海嘯來襲了。我們這些大多數原本沉浸在快感裡面的東京人，現在變得無法保持熱鬧歡樂的心情，即使遊玩也不感到快樂。

現在的我們，會毫不猶豫地指責享樂的人不夠謹慎，也會感到良心受到譴責。這在以前其實就是一種非常自然本能，也就是做為一個生命應該有的健全感覺。

從根本修正追求最大快感的原理

身為文明人，
具有追求符號資訊、喜愛沉浸快感的個性，
在這個過程中，
現代人就這樣逐漸失去忍耐、持續、鎮定等特質。

現在我要用稍微迂迴一點的方式來說明。

我們身為文明人，具有追求符號資訊、喜愛沉浸快感的個性，在這個過程中，現代人就這樣逐漸失去忍耐、持續、鎮定等特質。

這些特質是原本刻板印象中日本人應該具備的美德，但因為不斷地受資訊刺激，「快感→焦躁→快感→焦躁→快感→焦躁」持續交替的結果，日本人原有的美德就這樣很可惜地喪失了。

越是習慣於「快感」的刺激，對於「不快」就越無法忍受。在面對不快的狀態時會特別軟弱，當然就代表我們失去了忍耐力。

於是我們在追求最大快感的原理控制下，逐漸服軟低微，精神空虛耗弱。

在我的眼中看來，我們非常重視而打造出來的追求最大快感原理，在這次危機中，暴露出對生存一點幫助都沒有的缺陷。

同時，也可以清楚看到，這些很了不起地操弄著符號資訊的現代人，在直接面對危機時，反而像原始人一樣，陷入了恐慌。

在這種情況下，只要稍微體會到「或許會死掉」的感覺，你的直覺就會告訴你，之前誤認為幸福的連續快感，其實是毫無意義、很無聊的事。我們很自然就會發現這一點。

這段時間，不管是對自己還是親朋好友，相信大多數日本人都意識到「死亡」這件事其實離我們很近。這時，我們的生命觸角被磨練得相當敏感。

如此一來，當我們覺得「這樣的娛樂好像沒辦法再享受了」的時候，其實也就意識到一個根本的問題：不只有現在不必要，健全的人類生活本來就不需要這種東西。

像這樣與快感原理保持一定距離，正是從根本修正目前文明發展的一個良好出發點。

從「自我約束」這種奇妙的現象中汲取到的最佳教訓，大概就是這一點吧！

雖然我們的身上沾滿了文明的汙垢塵埃，失去動物本能的觸角天線與平衡感，生命感官被破壞殆盡。但是透過這次地震與核電廠的危機，似乎又重新喚起我們對生物能力極限的記憶。

死亡的意識喚起生存的覺醒

意識到死亡，
其實就是讓人類的五感覺醒，
變得銳利敏感，
同時更擁有脫離執著的力量。

也就是說，這次的震災其實也喚起了住在東北地方以外的人對死亡的意識。

關於死亡，我在與他人合著的《覺悟的關鍵方法》（日本扶桑社出版）一書中已經詳述，在這裡簡單扼要地說明一下。意識到死亡，其實就是讓人類的五感覺醒，變得銳利敏感，同時更擁有脫離執著的力量。

這次的災難，讓人痛心地，東北地方有許多人遇害身亡。然而，如果有人在知道這個消息之後，思考起或許自己也會這樣死掉的問題，就代表日本人的生物本能天線觸角已經有所覺醒了。

現在，正在閱讀本書的讀者們，請不要假設「自己也許會死」，而是閉上眼睛，認真地冥想死亡的感覺。

自己是這樣死掉的。呼吸停止了，意識消失了，再也見不到某個人了，請認真地冥想這些景象。

這樣你的五感就會變得敏銳。

佛法中有所謂「死隨念（死念處）」意象訓練的冥想法，剛剛說明的，就是這種冥想法的簡易版。

因為腦中持續分泌快感物質而失去，或者已經生鏽了的感覺，也許可以藉由這種冥想，試著找回來一點，也說不定可以稍稍記起生物最重要的本能。

不要忘記現在的「覺醒」

生物不需過多的資訊，
太過方便的生活其實對我們有害。
即使心中只有一點點這樣的感覺，
但就此與本書所說追求最大快感開始保持距離的人，
應該也會增加吧！

不過，如果不好好用心維持，大概過幾個月，或是一、兩年後，又會回復到追求最大快感的文明，繼續盲目地躁動。因此，現在應該好好把握這個機會。

在日本全國的價值觀受動搖的現在，正是這座文明的恐怖高塔——雖然高塔本身建得富麗堂皇，但是在高塔最底層支撐的，卻是活生生的人類，是因為快感這種毒品而感覺麻痺、變成奴隸的人柱——轉換組織架構的最好時機，我認為至少要讓這座高塔減輕一些負擔。

這次災難的發生，不管是誰，或多或少都意識到了死亡這件事，使得腦中被符號操弄過度，因而痲痺的生命天線觸角，現在變得銳利敏感。這個時候，每個人都應該把握機會，各自思考「為何自己覺得很好的事，反而成了遭受苦難的原因」。

透過生命天線觸角些許的回復，直覺告訴我們，生物不需過多的資訊，太過方便的生活其實對我們有害。即使心中只有一點點這樣的感覺，但就此與本書所說追求最大快感開始保持距離的人，應該也會增加吧！

核能發電也是如此。為了舒適方便而讓自己置身危險之中，只要用廣義的「合理性」去思考，便能明顯看出其中的怪異之處。因此想透而開始保持距離的人，也會越來越多。

也許不需特別做什麼，這樣的人便會持續增加。從結果來看，應該還是多少能修正日本人某些部分的價值觀。

但是，文明高塔建構的骨架並不是那麼簡單就可以改變。所以我們應該讓大家都看到現在萌生的這種改變趨勢，激起眾人「既然有這樣的趨勢，自己也該參加」的意識，改變的力量就會更加強大。

分泌安定和覺醒的腦中物質

想要的東西沒辦法馬上得到，
一開始會覺得很焦躁，
漸漸變得無法平靜。
但是，只要稍微忍耐一下這種不愉快的感覺，
過一陣子便會自然覺得「其實也還好嘛」。
自己切換到讓內心安定的神經迴路。

因為核電廠事故而公布節電獎勵辦法後，我們可能會從許多一定年齡以上的人口中聽到，以前電視節目才不會播到半夜，商店也不會開得那麼晚，百貨公司還會公休，現在歐洲也一樣，就算地鐵和公共場所關掉一半的電燈，跟歐洲的街道相比，還是亮很多等等。

的確，我在學生時代到德國留學時，大概過了晚上七點，海德堡（Heidelberg）街上的所有商店都休息了。這是法律規定（雖然現在或許已經解禁了）。現在想來，雖然很不方便，但是像這樣對快感資訊刺激內心有著一定限制，從而保障市民心靈健全，應該是大家在無意識中都能隱約感覺到的，所以才會制定這樣的法律（當然，其中也應該有配合保護小型商店的政策想法）。

想要的東西沒辦法馬上得到，一開始會覺得很焦躁，漸漸變得無法平靜。但是，只要稍微忍耐一下這種不愉快的感覺，過一陣子便會自然覺得「其實也還好嘛」。自己切換到讓內心安定的神經迴路。

也就是說，人類的神經只要靜待無法如意的時期過了之後，便能自行安撫穩定下來。因為如果一直保持在「想要、焦躁」的狀態，自己也會受不了。

像這樣，如果心態是「啊，今天沒辦法拿到，不過也沒關係啦」，那麼慢慢就能在內心培養出鎮定、耐性、韌性、承受打擊的種種力量，也就是重新找回日本人已經失去的種種精神美德。

如果用單純的公式來說明，就是

〈想要↓無法馬上實現↓忍耐↓忘記↓活化鎮靜、安定的精神迴路↓養護內心的從容態度↓〉

這樣的一個過程。但是，如果變成

〈想要↓馬上得到↓快感↓習慣↓不滿足↓想要別的東西↓馬上得到↓〉

進入這種惡性循環的社會，內心無法安定，無法切換成從容的迴路，我想內心的平衡很容易就會崩壞。

如此一來，想要實現慾望的衝動頻率就會慢慢減低，「等待」和「平靜地重複進行日常生活事務」的時間增加，切換到安定迴路的頻率就能增加。

在神經運作方面，這時便會分泌出安定和銳利意識覺醒的腦中物質，進而活化神經。

這就是坐禪冥想時用得最多的神經迴路。

為了對抗重力，身體中糾結的肌肉群會筆挺舒展，和特意的拉筋伸展不同。只要內心保持清明的心智，脊椎便會自然挺直起來。神經的作用就是這麼自然。

當然，經過暫時的「等待」之後所達成的願望，一樣會分泌多巴胺而得到快感。但是，因為有這段等待休息的時間，我們的心靈、神經和腦中的接收器，便得以保持健全。不但如此，經過暫停之後感受到的快感，更能讓我們覺得非常新鮮，內心感到很愉快。

「集中」，就能安定

我們現代人因為淹沒在大量的資訊中，
感受快感的頻率過高，
即使耗盡心力，
也很難取得「快感」與「安定」之間的平衡。
快感的感受量與頻率獲得一定的限制，
就是取得「快感」與「幸福感」自然平衡的重要關鍵。

內心安定、鎮靜、神經銳利敏感的狀態，其實就是「集中」的狀態。
大量資訊流竄使得內心紛亂的狀態，在降低需要處理的資訊量之後，變成可以清楚了解一件件資訊的狀態。

這時，眼睛和耳朵的解析度就開始提高。

大家應該都有過這樣的經驗，集中精神的時候，我們會變得耳聰目明、意識澄澈，對於所有的一切都感到平和、安定，即使人生就這樣結束也很幸福。集中，正是與安定的神經迴路、幸福感的神經迴路息息相關。

我想，以前的生活就是在適度而節制地體會快感，以及為了生存而忙於「一定要做的事情」中間，自然地切換成「安定」的狀態。因此，就算不特別注意，也能維持「快感」＋「安定」＝「幸福感」的平衡。

這樣說來就很容易了解，我們現代人因為淹沒在大量的資訊中，感受快感的頻率過高，即使耗盡心力，也很難取得「快感」與「安定」之間的平衡。如果不謹慎小心，就會陷入危險的境地。

換句話說，快感的感受量與頻率獲得一定的限制，就是取得「快感」與「幸福感」自然平衡的重要關鍵。

讓我們回到節電的話題。其實，在夜裡閃爍的霓虹燈，會使得人類的生物機制狂亂不安。動物的生理時鐘，基本上是依照日月交替的節奏在進行活動。閃爍的霓虹燈會讓人體無法辨認現在是夜晚。至少在晚上七、八點以後，就該把閃爍的霓虹燈關掉，使用柔和的間接照明，才是健全之道呀！

在單純的重複中獲得安定

在固定的時間吃飯、在固定的時間起床和睡覺，
重複一天的節奏開始，
到往返同樣的場所、專注地轉動手腕、咀嚼、呼吸等等，
專心地從事這些感覺非常單純的重複活動，
就能讓我們集中精神，
並且獲得安定。

生活中有幾種活動可以活化安定的神經迴路，產生幸福感。

首先，就是動物本能的一日生活循環。雖然如前所說，建議大家盡可能依照日月交替的節奏來生活也是一個理由，但這裡還有另一個重要因素，那就是「重複」。藉由一日循環的重複活動，來活化安定的神經迴路。

廣義的重複活動，譬如每天規律地在同一時間起床和睡覺，以同樣的節奏吃飯，以同樣的節奏工作，以這樣的方式進行日復一日的圓形循環。

狹義的重複活動，則是例如去相同的場所，專注地轉動手腕等等，透過這樣重複的活動來活化安定的神經迴路。

不過，不可以有意識地訂定任何目標，像是每天要做一百次，或是做了一百次就獎勵一下自己。因為在達成有意識的目標之後，會與腦中分泌快感物質的機制做連結，這樣就活化了與安定正好相反的神經。

我們應該脫離目標意識，專注於重複這個動作。這樣持續下去，內心就會慢慢穩定下來，神經也會變得銳利敏感。

咀嚼也是一種重複活動，而且對活化神經迴路來說相當重要。

現代人吃的都是一些柔軟的食物，不需要嚼得太仔細，所以會越吃越快、越吃越多，這也會阻礙安定的神經迴路活動，剝奪我們幸福的感覺。以前都會要求要仔細咀嚼，這不僅僅是為了保養身體，也是為了涵養精神。

而狹義的重複活動中，最重要的就是呼吸。在吸吐吸吐的過程中，使空氣進入我們體內，又從我們體內排出。只要將意識集中在這個動作上，就能進入非常安定的狀態。初學者的冥想，都會先要求將意識集中在自己的呼吸上，就是利用這個動作來安定心神。

像這樣，在固定的時間吃飯、在固定的時間起床和睡覺，沐浴在陽光中就知道這是早上，從這種重複一天的節奏開始，到往返同樣的場所、專注地轉動手腕、咀嚼、呼吸等等，專心地從事這些感覺非常單純的重複活動，就能讓我們集中精神，並且獲得安定。

因此，在工作的空檔，可以依照固定節奏，做一些打掃、整理等單純的重複活動，就能排除快感的上癮作用。

在不知不覺中從根本破壞了我們原本擁有的幸福泉源，還把這樣的破壞誤認為真正的幸福，造成這種情況的，大概就是那些崇尚歐洲的明治維新（日本在1868年所進行的全面西化、現代化的改革運動）主事者吧！

我衷心希望，從那時候開始根深柢固的價值觀，能藉著這次的地震而有所轉變。

原本的幸福生活方式

我們要學習的，
就是一種不追求大量且立即快感的生活方式。
以不上癮的生活做為典範，
只從事生存必要的工作。

我在這一章一開始就曾說過，如果能夠使用測量神經作用的裝置，在各種不同的情況下測量體內的反應——遇到不愉快的狀況，因而活化不愉快的神經迴路；遇到合自己心意的狀況，因而活化快感的神經迴路，或是集中心神產生安定與幸福的感覺，因而活化安定的神經迴路——那麼和東京那些覺得「東北地方的人好可憐」的人相較，或許在東北地方努力奮鬥的災民，他們安定的神經迴路活化的時間還比較久。

人類的幸與不幸不能用「擁有什麼／沒有什麼」、「聲名大噪／沒沒無聞」或「位於○△□排行榜第幾名」來決定。同樣地，也不能用「快感」的多少做為基準來衡量。

因為快感不等於幸福感。

事實上，如果從內心的觀點來看，那些自己插進第二支箭、慌慌張張左顧右盼的日本非災區民眾，也許才是最不幸的人。我們這些非災區的居民，反而需要向災區民眾學習很多事。

我們要學習的，就是一種不追求大量且立即快感的生活方式。

以不上癮的生活做為典範，只從事生存必要的工作。

藍領階級這種以單純重複操作為中心的生活，其實本來就是一種讓人容易進入安定狀態的模式。專注地重複同樣的動作，好好地勞動身體，便可以活化安定鎮靜的神經迴路。

可是，有些人因為受到符號洗腦太深，認為這是無聊、低階的工作，所以明明可以過著穩定安心的生活，反而自願跑去受苦。這同樣是為自己插進了第二支箭。

因此，我認為在這個時候，大家應該捨棄符號上優劣比較的想法，不要只想著發展資訊產業，增進快感分泌。這正是一個改變職業人口比例，降低只能產出非現實商品的白領階級過高人數的好時機。

對於這個今後會越來越走向高齡化社會的國家來說，像現在這樣繼續追求快感的「發展」，其實是沒有道理的。

不管是「成長發展」還是「技術革新」，都是在最近兩百年左右的時間內發生的。在漫長的人類歷史當中，其實只是一瞬間的短暫煙火。

只要大家都能明瞭現在已是飽和狀態，這短暫的煙火該結束了，那麼就能夠重新調整心態，朝著新的時代、新的方向努力。

為了日本的未來

不要貪圖安逸方便，
用自己的雙腳多走幾步路，
內心就能安定。
好好地花時間仔細咀嚼品嘗食物，
內心就能恢復精神。
將上網瀏覽符號資訊的時間拿來認真勞動身體，
內心就會充滿活力。

關於核能發電，每個人都有不同的立場和意見。贊成的人主要是認為，如果不發展核能，那麼缺乏石油資源的日本，不管是從能源或成本的觀點來看，都無法在國際競爭中勝出，於是便會造成經濟衰退，一有個閃失，或許就會全盤崩潰。

但是，如果保持目前狀況，大家繼續追求最大量的多巴胺，保證即使GDP（國內生產總值）無法排名第二，但至少可以排名第三，大多數國民也抱持著這種期盼，那麼我們就繼續這樣下去也可以。可是事實上，根本無法如此保證。我坦白說，不管我們再怎麼努力，不管選擇哪條路，都只會越來越衰落。

為了面子問題，繼續追求最大快感，磨損心神付出重大代價，但還是無法在經濟競爭中贏得勝利，這樣一點都沒有道理，只是陷入不幸的境地。

既然如此，就算落到第十名，甚至第二十名也沒關係，不如尋求能夠軟著陸的方法。

世界歷史自然的潮流，原本就是盛久必衰。再怎樣甜美的夢境，頂多只能持續五十年左右。

不過，我也不是要大家捨棄一切，過著極度貧窮的生活。GDP 只要保持在十名左右，一樣可以過著經濟富裕的生活。如果能加上重新取回精神上的幸福感與日本傳統美德，就真的值得高興了。要和快感原理和睦相處，就該對快感有所限制，避免成癮狀況。

其實在我還沒提出這個主張之前，「就算造成環境與他人的麻煩，還是以利益為優先」、「總之就是進行大肆宣傳，不好的商品還是想大賣」這類型的衝動，在國內似乎就已有減弱的趨勢。

在我的預期當中，許多受到這次災難影響的人，已經察覺到自己或多或少發展出同理心。在這樣的社會中，保護環境的環保產業便能更加蓬勃發展，食品和工具等具有實際產出的商品製造業，也能夠復甦。

我認為，為了將來絕對會發生的糧食危機，我們應該增加農地面積與務農人口。確實地勞動身體，增加在自然循環中生活的人數，對於國民的精神衛生有大幅提高的助益。

抱持著這樣的想法，我現在逐漸地在擴大山口縣寺院的田地面積，希望能讓來寺院參訪的人也參加實務農作，以寺院為中心，形成一個地方上的團體。這是我之前就有的構想。同時，也希望能建立一種模式，好好利用鄉下這些雜草叢生的荒蕪土地。

雖然從以前開始我就進行這樣的推動，也聚集了相當的人氣，但應該還是有人聽到「樂活」或「環保」這樣的字眼，會覺得這是裝模作樣、內心反動的特殊團體才會做的事。不能否認，身處這種特殊的價值觀當中，會產生「自己和其他人不一樣」的差異感，有一種自己走在時代前端的快感。

不過，現在大家逐漸擁有的「自然」與學習「過去生活」良好部分的傾向，應該可以讓這種想法以更自然的方式向下扎根。

正因為我們國家深刻地體會到，經濟十足富裕、人民充滿幸福，其實是精神空虛不幸的狀況，所以更要把握這次機會，將心靈的保護當作第一優先，經濟的原理放在第二。

不要貪圖安逸方便，用自己的雙腳多走幾步路，內心就能安定。

好好地花時間仔細咀嚼品嘗食物，內心就能恢復精神。

將上網瀏覽符號資訊的時間拿來認真勞動身體，內心就會充滿活力。

這些都是以前因為快感優先、經濟優先的生活方式，覺得「浪費時間」而揚棄的活動。

但是今後，為了讓已經造成「毒品上癮」的內心重新獲得安定感，我們就該浪費這樣的時間，從事與金錢或快感無關的活動。如此一來，內心除了獲得安定感，也同時會產生充實感與滿足感。

產業方面的話，當然還是會有一部分人必須受到強烈競爭與快感原理所造成的痛苦，從事讓日本保有經濟優勢的工作。對於這些揹負著辛勞與痛苦的人，只要給予他們正確的評價與報酬就好了。

希望發展到最後，不管日本的經濟力能在世界上排名第十，甚至第二十都好，重要的是人心安定，國民才能幸福，才能變成讓人覺得「日本人很不錯、日本很不錯」這樣的國家。

後記

在這裡說個題外話，如果一天二十四小時不斷地接受快感刺激，是造成心理疾病的原因，那麼到了晚上，乾脆規定商店都不能營業。這樣不但可以保護我們的心靈，同時也能節約能源。

因為我刻意和「資訊」保持距離，所以提出來的方案可能有點極端，即使看了不要實行也沒關係。不過，如果在上午和晚上停止使用所有資訊產品——從個人電腦到手機——只要大部分人都能這麼做，不但能夠緩和快感刺激、保護心靈健全，也能節省許多電力。

至於資訊不斷衝擊大腦這個問題，既然在深夜沒有看電視節目的必要，乾脆制定晚上全面停止播放電視節目的政策，就可以省下傳送電視電波訊號所需的龐大電力。

當然我知道，有人說就算制定減少夜間電力使用的時間帶，也無法儲存多餘的電力，所以對節約能源毫無幫助。但這是從每天每天分開來看的觀點出發。如果毫不思考就接受這種理論，用光所有生產出來的電力，那麼就會得到「既然用電量這麼高，以後應該生產更多電力才行」這樣的歪理。

相反地，如果持續減少用電量，必要的電力總量就會因此逐漸降低，而需要生產的電力也就會越來越少，然後我們就能重新檢討電力政策本身的制定。

當然，我這些提案都是門外漢的空想，應該不會被社會採用吧！不過我想告訴大家的是，我們應該把握住精神，朝這個方向建立一個「內心架構」，讓今後的社會能夠分辨「必要的東西／不必要的東西」。

但是我必須事先說明，只要有越多人認同這個「內心架構」，我們今後的經濟就越無法蓬勃發展。

然而，如果回頭想想「蓬勃發展的結果，其實造成了過去的不幸」，記取這個寶貴的教訓，就不會再想重新往經濟活絡的方向走去。

最近大家討論的話題，就是震災後的「復興」。如果所謂的「復興」，是想要回到之前原先的狀況，就代表我們完全沒有從這次慘痛的經驗得到任何教訓。我心中的「復興」，包含了走向與至今不同的道路，轉換現有價值方向的期望，所以才動手寫了這些文章。

三月十九日，我在「家出空間」網站發表了本書第一章所收錄的「創傷VS.二度傷害」這篇文章。幾天後，Discover公司的千場弓子小姐希望我能以這篇文章為主軸，在短時間內寫出一本書，出成電子版。

我又多花了三個多月，終於寫出這本書。

我的本意，是在3.11造成的傷害能夠早日化解的希望中，出於善意地丟出一顆反動的石頭。

小池龍之介

二〇一一年六月底

一直以來認為的幸福，其實並不是真正的幸福，
只是腦中運作而產生的幻覺。
真正的幸福，是從資訊快感的刺激中徹底解放，
使內心獲得安穩。

LifeStyle 027

走出悲傷的33堂課

日本人氣和尚教你尋找真幸福

作者 小池龍之介
翻譯 徐曉珮
美編 王佳莉
編輯 彭文怡
校對 連玉瑩、郭靜澄
行銷 洪伃青
企劃統籌 李橘
總編輯 莫少閒
出版者 朱雀文化事業有限公司
地址 台北市基隆路二段13-1號3樓
電話 02-2345-3868
傳真 02-2345-3828
劃撥帳號 19234566朱雀文化事業有限公司
e-mail redbook@ms26.hinet.net
網址 http://redbook.com.tw
總經銷 成陽出版股份有限公司
ISBN 978-986-6029-14-1
初版一刷 2012.03

定價 240元

國家圖書館出版品預行編目

走出悲傷的33堂課：日本人氣和尚教
你尋找真幸福／小池龍之介著.－
徐曉珮譯
初版.
－台北市：朱雀文化，2012.03
面；公分，（Lifestyle 027）
ISBN 978-986-6029-14-1（平裝）
1. 生活指揮 2. 思考
177.2